LA SERVANTE
JUSTIFIÉE,
OPÉRA-COMIQUE,
EN UN ACTE.

Les Paroles ſont de M. FAVART.

La Muſique eſt de M. MOULINGHEM.

LA SERVANTE JUSTIFIÉE,

OPÉRA-COMMIQUE,

EN UN ACTE;

Repréſenté devant SA MAJESTÉ, à
Fontainebleau, le 9 Octobre 1773.

DE L'IMPRIMERIE

De Pierre-Robert-Christophe Ballard, ſeul Imprimeur
de la Muſique de la Chambre & Menus-Plaiſirs du Roi,
& ſeul Imprimeur de la grande Chapelle de Sa Majeſté.

M. DCC. LXXIII.

Par exprès Commandement de Sa Majeſté.

PERSONNAGES.

MADAME BERTRAND,	*La Dame Trial.*
LISON,	*la Dame Laruette.*
LA COMMERE CLIQUET,	*la Dame Clerval.*
COLIN,	*le Sieur Trial.*
LE TABELLION,	*le Sieur Laruette.*

LA SERVANTE
JUSTIFIÉE,
OPERA-COMIQUE,
EN UN ACTE.

SCÈNE PREMIERE.

LE TABELLION.

ENFIN, c'eſt donc aujourd'hui que Madame Bertrand doit me remettre les deux-cents écus qu'elle donne à Liſon : tout ſeroit perdu, ſi elle alloit s'appercevoir que cette fille eſt aimée de Colin ; heureuſement que les pauvres enfants ont ſi bien fait juſqu'à préſent, qu'ils n'ont point encore été découverts.

SCÈNE II.

LA COMMERE CLIQUET,
LE TABELLION.

LA COMMERE.

AIR : *Que Colin vient de me faire rire !*

AH ! que Colin vient de me faire rire ?
A ma Commere allons vîte le dire.
Rien n'eft fi drôle que cela.
Ah , ah , ah , ah , ah , ah , ah , ah , ah , ah , ah , ah.

LE TABELLION, *à part.*

Bon ! voici le plus mauvais efprit, la plus méchante langue !...

LA COMMERE.

Rien n'eft fi drôle que cela.
Ah , ah , &c.

LE TABELLION.

Eh ! de quoi riez-vous donc fi fort, Commere Cliquet ?

LA COMMERE·

D'une chofe qui ne fera pas rire Madame Bertrand , Monfieur le Tabellion.

LE TABELLION.

Elle le faura donc bientôt.

LA COMMERE.

J'ai une attention particuliere pour tout ce qui regarde mes amis. Par exemple, mon

Compere Griffaud, quand vous étiez en peine de vous éclaircir fur certaines chofes.

A I R : *Où le mettrons-nous, ma Commere ?*

C'eft moi qui vous fis favoir,
Que votre femme alloit le foir,
Avec Lubin,
Au bois voifin;
Vous m'entendez bien,
Vous le favez bien.
Vous eûtes le plaifir, Compere
De ne plus douter de rien.

LE TABELLION.

Qui, oui, oui.

LA COMMERE.

Cela vous fatisfit beaucoup, n'eft-ce pas ?

LE LABELLION.

Affurément. Mais qu'avez-vous donc appris de nouveau ?

LA COMMERE.

Que Madame Bertrand eft une franche dupe : elle publie dans le village qu'elle eft aimée de fon Garde-Moulin.

A I R : *Il faut, quand l'amour nous preſſe.*

Si l'on croit ce qu'elle chante,
Colin fuit par-tout fes pas ;
Vraiment la Maitreſſe n'eft pas

A iv

Ce qui le tente ;
Il trouve bien d'autres appas
Dans la Servante.

LE TABELLION.

Et où diable avez-vous pris cela ?

LA COMMERE.

Oh ! vous ne conviendrez pas du fait. Vous tremblez que l'amour de Colin, s'il étoit découvert, ne portât préjudice à Lifon, que vous appellez votre filleule.

AIR : *Je voudrois bien me marier.*

Cette friponne de Lifon,
Je le fais, vous eft chere ;
Vous ne l'aimez pas fans raifon :
On dit même, Compere,
Que vous êtes de ce tendron
Un tant foit peu le pere.

LE TABELLION

Voilà toujours de vos coups de langue.

LA COMMERE.

AIR : *C'eft le tran, tran.*

Ce bruit ne vous fait point d'outrage ;
Ne voit-on pas que tous les jours,
A la ville comme au village,
On fe prête un commun fecours ?
Entre bons voifins c'eft l'ufage ;
Ce que l'on reçoit, on le rend.

C'eſt le tran , tran, tran, tran, tran, tran ,
Le trantran du ménage.

LE TABELLION.

Il n'y a pas moyen d'arrêter ſon babil.
Allons avertir Liſon de ſe tenir ſur ſes gardes.

(Il ſort.)

SCÈNE III

Mme. BERTRAND, LA COMMERE CLIQUET.

LA COMMERE.

ALLONS trouver Madame Bertrand. Ah!
la voici fort à propos. Eh ! bien , qu'eſt-ce
ma Commere ? Comment gouvernez-vous
Colin ?

Madame BERTRAND.

AIR : *Tout drès le matin.*

Perſonne comme ce Garçon ,
N'a cœur à la beſogne :
Quoique très-vif , c'eſt un mouton ,
Point jureur , point ivrogne.
Il n'engendre point de chagrin :
Toujours en train, tout drès l'matin ,
Il fait tourner mon moulin !
Oh ! oh ! oh ! oh ! oh !
Ah ! ah ! ah ! ah ! ah !
On n'en trouve point enfin

Comme Colin,
Comme Colin.

LA COMMERE.

Croyez-vous cela ?

Madame BERTRAND.

Aɪʀ : *Un Meunier aimable.*

Oui, Colin m'enchante :
Très-fort je lui plais.
Je m'en trouverai contente ;
J'entends bien mes intérêts.
Depuis long-temps il eſt fait à mon tracas,
Et depuis que j'ai ce Gas,
Mon moulin ne chaume pas.

LA COMMERE.

Aɪʀ : *Et ʒon, ʒon, ʒon.*

Il vous aime toujours ?
Madame BERTRAND.
Comme à ſon ordinaire.
LA COMMERE.
Ah ! les belles amours !
Madame BERTRAND.
Quoi ! Quel eſt ce myſtere ?
LA COMMERE.
Et zon, zon, zon,
Votre amant, ma Commere,
Et zon, zon, zon,
Eſt celui de Liſon
Madame BERTRAND.
Qu'eſt-ce ? Que voulez-vous dire ?

LA COMMERE.

Air : *Le cul dans une hotte.*

J'ai vu Colin qui tenoit.
Un beau Sanfonnet ;
J'ai remarqué qu'il le fifloit
Avec un foin extrême,
Et qu'il l'inftruifoit
A dire : je vous aime.

Madame BERTRAND.

Et pourquoi, s'il vous plaît, voulez-vous
qu'il prenne ce foin pour Lifon ?
LA COMMERE.
Pourquoi ? C'eft qu'il continuoit ainfi ;

Air : *Du haut en bas.*

Ma petite Lifon ignore
Tout mon amour.
Plus de mille fois chaque jour,
Tu lui diras que je l'adore,
Sans pouvoir exprimer encore
Tout mon amour.
Madame BERTRAND.

Quel conte !

LA COMMERE.

Mais rien n'étoit plus touchant que de lui
entendre dire : Sanfonnet, mon fils :

Air : *Sur tous les maux que m'a fait ma Silvie.*

Je te prépare un charmant efclavage ;

D'être à Lison tu dois être flatté :
Si, comme toi je ne suis pas en cage,
Je n'ai pas moins perdu ma liberté.

Il en dégoisoit encore bien d'autres.

Madame BERTRAND.

Je ne puis le croire.

LA COMMERE.

Vous devez en être certaine.

Madame BERTRAND.

Quoi! Colin me trahiroit! S'il étoit capable.... Je veux m'en éclaircir. (*Elle appelle Lison.*) Lison! Oui, je vais bientôt m'en éclaircir.

LA COMMERE.

Je vous laisse avec elle. Faites votre profit du petit avertissement que je vous donne.

SCÈNE IV.

Madame BERTRAND, LISON.

Madame BERTRAND.

QU'EST-CE donc, Mademoiselle Lison? J'apprens de jolies choses !

LISON, *troublée.*

Qu'est-il arrivé ?

Madame BERTRAND.

Quel air interdit !

LISON.

Je m'en vais; car il me femble que vous voulez me gronder.

Madame BERTRAND.

Que je vous gronde ou non, reftez ici, je vous prie.

LISON.

Vous favez combien j'ai d'ouvrage à faire.

Madame BERTRAND.

Vous ferez votre ouvrage, quand je vous aurai parlé.

LISON.

AIR : *Quand elle coud, elle eft contente.*

Nous avons tantôt bien à moudre.

Madame BERTRAND.

Quand il fera temps, on moudra;

LISON.

J'ai beaucoup de facs à recoudre.

Madame BERTRAND

Tels qu'ils font on s'en fervira.
C'eft tout l'emploi d'une fervante,
Quand elle coud, quand elle coud,
Quand elle coud, elle eft contente.

LISON.

AIR : *Attendez-moi fous l'Orme.*

Mais pour le blanchiffage . . .

Madame BERTRAND.

Blanchiſſe qui pourra.

LISON.

J'ai laiſſé le fromage.

Madame BERTRAND.

Le prenne qui voudra.

LISON

Il faut du moins que j'aille....

Madame BERTRAND.

Où voulez-vous courir?

LISON.

Empâter la volaille.

Madame BERTRAND.

Eh! laiſſez-la maigrir.

Venons au fait, Mademoiſelle. On m'a rapporté que Colin vous aime, & que vous cherchez à lui plaire.

LISON

Moi!

AIR : *Nous ſommes Précepteurs d'amour.*

J'aurois grand tort aſſurément,
De vouloir attendrir ſon ame;
Si j'ai pu lui plaire un moment,
Je ne lui plairai plus, Madame.

Madame BERTRAND.

C'eſt donc à dire que vous vous êtes apperçue que vous lui plaiſiez?

LISON.

Eh! non vraiment : ce n'eſt pas comme cela que je l'entends.

Madame BERTRAND.

AIR : *Du Grondeur.*

Tout- à l'heure, la Commere
Du fait vient de m'informer.
Vous voulez en vain vous taire ;
Le tout va fe confirmer.
Sur un tel point, ma colere,
Que rien ne peut défarmer,
Vous fait un crime de plaire,
Tout auffi grand que d'aimer.

AIR : *Tarare, ponpon.*

Je m'apperçois enfin,
Que vous prenez, ma mie,
Trop foin de votre teint ;
Sans doute pour Colin.
Songez-y, je vous prie.
Il vous fied bien, ma foi,
D'être ici plus jolie
Que moi !

LISON.

J'y aurai attention, Madame.

Madame BERTRAND.

Mais voici Colin. O ciel ! tout ce que ma
Commere m'a rapporté n'eft que trop véritable. Voilà la cage, voilà l'oifeau. Je l'entends, je crois, qui répete : Je vous aime...

LISON, *à part.*

Je tremble.

SCÈNE V.

Madame BERTRAND, LISON,
COLIN.

COLIN, *au fond du Théâtre, tenant une cage.*

AIR : *Pour voir un peu comment ça f'ra.*

POUR elle je grille en ma peau ;
D'en parler, je n'ai le courage :
Le don d'une fleur, d'un oiseau,
Souvent dit plus qu'un beau langage.
Portons-lui ce Sanfonnet-là,
Pour voir un peu comment ça f'ra.

Madame BERTRAND, *se cachant derriere Lison.*

Je n'en puis plus douter. Ah ! coquine de
Servante !

COLIN, *à part, ne voyant que Lison.*

La voilà, cette chere Lison, que je trouve
heureusement seule. (*Haut, en approchant.*)
Mademoiselle Lison, voulez-vous bien me faire
le plaisir de . . . (*Appercevant Madame Bertrand.*) de vous ranger, que je présente cela
à Madame Bertrand ?

Madame BERTRAND.

A moi !

COLIN.

Eh ! oui, voirement.

Madame

Madame BERTRAND.

Aɪʀ : *Valet chez une Fermiere.* De Raton & Rosette.

Quoi ! c'est à moi que s'adresse
Ce beau moineau guilleret !

COLIN, *riant.*

Eh, eh, eh, eh, eh, eh, eh, eh.

Madame BERTRAND.

Je t'ai cru l'ame traîtresse ;
De ce soupçon j'ai regret.

COLIN.

Eh, eh, eh, eh, eh, eh, eh, eh.
Ce matin, avec adresse,
Pour vous prouver ma tendresse,
J'ai tendu mon trébuchet.
De ma main, daignez, Maitresse,
Recevoir ce Sansonnet.

Madame BERTRAND, *prenant la cage.*

Ah ! je respire !

LISON.

Vous voyez bien, Madame ?

Madame BERTRAND,

Que je suis agréablement surprise !

Aɪʀ : *Que je regrette mon amant !*

L'aimable oiseau ! qu'il est joli !

COLIN.

De plus il peut vous être utile ;
Vous babillerez avec lui,
Quand il faudra que j'aille en ville.
Il parlera,
Chantera,

B

Dégoifera,
Ce qu'il faura ;
Je crois qu'il vous amufera.

Madame BERTRAND.

Pour ça , il faut avouer que la Commere
Cliquet eft une grande médifante ; elle vou-
loit me perfuader que c'étoit pour Lifon , &
que tu l'aimois.

COLIN.

Moi , aimer Lifon!

Madame BERTRAND.

AIR : *Ton humeur eft , Catherine.*

J'en étois trifte & rêveufe.

COLIN.

Vous pouvez vous raffurer.
Voyez la belle morveufe ,
Pour me faire foupirer !
Veut elle donc en tendreffe ,
L'emporter , à dix-huit ans ,
Sur fa prudente Maitreffe ,
Qui vit depuis fi long-temps ?

Madame BERTRAND.

Cela ne conviendroit guere , affurément.

COLIN.

Et pis , j'ai le cœur haut. Vous êtes d'une
bien pus grande qualification qu'elle.

Madame BERTRAND.

Va , ma pauvre Lifon ; je fuis fâchée de

la querelle que je t'ai faite ; je ne manquerai
pas de donner aujourd'hui au Tabellion ce que
je lui ai promis pour t'établir.

COLIN.

Voilà parler en brave femme , ça.

Madame BERTRAND.

Je vais , tout de ce pas , relancer cette ba-
billarde de Cliquet , & de-là chercher de l'ar-
gent chez mes fermiers.

COLIN.

Et moi, m'est avis que le jour ne se passera
pas, sans que j'ayons besoin des Ménétriers :
je m'en vais les retenir. Mais morgué , atten-
dez moi donc , Madame Bertrand : je ne sais
pas comme vous faites ; mais je ne peux pas
vous quitter un moment : c'est pus fort que
moi.

Madame BERTRAND.

O le gentil garçon ! Que je serai heureuse
avec lui ! Je ne veux plus différer notre mariage.

(Colin suit Madame Bertrand.)

SCÈNE VI.

LISON, *seule.*

COLIN suit Madame Bertrand : je ne sais que penser.

AIR : *Les Triolets.*

Il me tire d'un embarras ,
Pour me remettre dans un autre.
Je craignois de fâcheux éclats ,
Colin me tire d'embarras.
Mais aussi , ne voudroit-il pas
Rompre un lien tel que le nôtre ?
Il me tire d'un embarras
Pour me remettre dans un autre.

SCÈNE VII.

LE TABELLION, LISON.

LISON.

AH ! mon Parrein , vous me voyez bien en peine.

LE TABELLION.

Je suis bien en peine aussi , ma filleule. Madame Bertrand a dit qu'elle me livreroit aujourd'hui les deux cents écus , parce que c'est le jour de ta fête , & je n'ai point encore entendu parler d'elle.

LISON.

AIR : *Le seul flageolet de Colin.*

L'amour de son garde-moulin
Lui trouble la cervelle.
Elle n'a des yeux que pour Colin ;
Le reste est bagatelle.
J'ai bien peur que Colin, à la fin,
N'ait des yeux que pour elle.

LE TABELLION.

AIR : *Et surtout prenez bien garde.*

Allez, Lison, ne craignez rien :
Colin vous aime toujours bien,
De cœur, d'amour, d'affection ;
Mais surtout prenez bien garde à fuir l'occasion.

Souvenez-vous des raisons que je vous ai dites, & contraignez-vous. Tenez, si Colin vient d'un côté, allez-vous-en tout aussitôt de l'autre ; entendez-vous ?

LISON.

Oui, mon Parrein.

LE TABELLION.

Adieu.

SCÈNE VIII.

LISON, COLIN.

LISON.

MON Parrein a raifon. Si Colin vient par ici, je m'en irai tout auffitôt par là. Ah!

(Elle fe trouve vis-à-vis de Colin.)

COLIN.

AIR : *Qu'elle eft jolie , ma brunette !*

Je viens trouver la follette,
   Qui m'a fu charmer.
Colin la voyant feulette,
   Se fent enflammer.
Qu'elle eft jolie ma brunette !
   N'os'roit-on l'aimer ?

LISON.

Ah ! ah ! c'eft vous, Monfieur Colin.

COLIN.

Comme vous dites ça ! Eft - ce que vous n'avez pas bien deviné que c'étoit vous que je cherchois , quand fte maudite Madame Bertrand s'eft rencontrée vifon vifu de moi.

LISON.

Air : *Que de gentilles Pelerines ! Des trois Cousines.*

A d'autres, c'est une défaite.

COLIN.

C'étoit à vous, belle Brunette,
Que e venois conter fleurette ;
Et vous deviez bien être au fait :
C'étoit à vous belle Brunette,
Que j'apportois le Sansonnet.

LISON.

Est-il bien vrai, Colin ?

COLIN.

Oui, pargué, Lison.

AIR.

Je ne sais ce que ça veut dire :
Drès que je vous vois je soupire ;
Je pense à vous soir & matin.
Ce minois fin & mutin ;
Cette main, & ce joli sein,
Et cet œil malin ;
Enfin tout ça m'inspire ;
Et quand vous regardez Colin,
Son cœur fait tac, tic, tique, tique, tac,
Comme le taquet du moulin, comme le taquet du
moulin.

LISON.

Cela ne sera rien. Je me trouve aussi je ne
sais comment, dès que je vous apperçois. Par
exemple, j'étois en colere contre vous, &
j'oublie, en vous voyant, que je suis fâchée.

COLIN.

Donnez-moi donc votre main, que je la baise.

LISON.

Oh que nenni ! on m'a défendu ça.

COLIN.

Queu conte !

SCÈNE IX.

LISON, COLIN, LA COMMERE CLIQUET *à la fenêtre, qui les examine.*

LA COMMERE.

AH ! ah ! qu'eft-ce que je vois ?

LISON.

Air : *Tant de valeur, & tant de charmes.*

Oui, mon Parrein m'a fait entendre
Qu'il ne faut point donner fa main.

COLIN,

Je fuis à plaindre.

LISON,

Non , Colin !
Puifque vous pouvez me la prendre.

LA COMMERE.

Ce font eux. Examinons.

COLIN.

Je vous entends, ma chere Lifon : vous me permettez de baifer votre main, quand vous n'y penferez pas.

LISON.

Oh ! cela n'arriveroit jamais.

COLIN.

Pourquoi ?

LISON.

C'eft que je penfe toujours que cela va m'arriver.

COLIN.

Ça s'appelle avoir de bonnes penfées.

LA COMMERE.

Fort bien.

COLIN.

Ah ! que je fuis content ; mais ce n'eft pas affez, chere Lifon.

AIR : *Çà, que je te mette.*

Çà, çà, que je mette
Dans ta gorgerette,
Çà, çà, que je mette
Ce petit bouquet.

LISON.

Le mien, mon poulet,
Va te fervir d'aigrette.

ENSEMBLE, *s'attachant réciproquement*
leurs bouquets.

Çà, çà, que je mette
Ce petit bouquet.

LA COMMERE.

Cela va à merveille.

COLIN.

Oh! çà, Lifon, c'est aujourd'hui ta fête;
morgué, je voudrois bien t'embraffer fans que
ça te fâche; mais ton Parrein t'aura encore défendu ça, fans doute?

LISON.

Oui. Mais, Colin, dis-moi donc pourquoi
eft ce qu'on défend fi fort à une fille de fe laiffer
embraffer par un garçon?

COLIN.

Eh! voirement; c'eft qu'ils difiont qu'il y
a du mal à ça.

LISON.

Mais s'il y a du mal, pourquoi eft-ce que
cela arrive tous les jours?

COLIN.

Oh! c'eft que c'eft un mal qui fait du bien.

LISON.

Il y a donc là-dedans du bien & du mal.

COLIN.

Oui. Mais, écoute-moi, Lifon: quand c'eft
le jour de la fête, le mal n'y eft plus, & le
bien y eft tout fin feul.

LISON, *se laissant embrasser.*

Oh ! dame ; dès que c'est comme ça, c'est différent.

LA COMMERE.

Ils s'embrassent ! ah ! Commere Bertrand, où êtes-vous ?

COLIN.

Morgué , quand viendra le tems que je pourrons nous embrasser sans contrainte ?

A i r : *Comme deux seaux dans un puits.*

Mets la main là ,
Ma petite maitresse ,
Mets la main là.

LISON.

Tiens, Colin, la voilà.
(*Ils se touchent dans la main.*)

COLIN.

* Morgué , ce seroit grand dommage de laisser trop longtems , comm' ça ,

Languir notre tendresse ;
Et j'agirai
Avant qu'il soit demain.

LISON.

De bon cœur je ferai
La moitié du chemin.

---

* Cette prose se débite sur le ton de l'air , & s'enchaîne avec le vers qui la suit.

AIR : *Dieux ! quels momens !* De l'Opéra de Caſtor
& Pollux.

Mon cœur t'engage ici ſa foi :
Tu peux compter ſur moi ,
Je ne ſuis point volage.
Je n'aimerai que toi ,
Non , rien que toi ,
Et ſans partage :
Mon cœur t'engage ici ſa foi.

LA COMMERE , *haut.*

Oh ! pour le coup , cela n'eſt pas douteux.

LISON.

Qu'eſt-ce que j'entends ?

LA COMMERE.

Ah ! pauvre Madame Bertrand ! Courons
vîte la chercher.

(*Elle ſe retire de la fenêtre.*)

SCÈNE X.

COLIN, LISON.

LISON.

AH ! Colin, nous sommes perdus ; la Commere Cliquet étoit à sa fenêtre.

Air : Olire, olire, ola.

Elle a tout apperçu.

COLIN.

Quel malheur imprévu !

LISON.

Elle ira tout redire.

COLIN.

Olire, olire.

LISON.

Elle ira tout redire.

COLIN.

Olire, ola.

Il faut ici de l'entendement ; j'imagine quelque chose. Rentre vîte dans le moulin, voilà
Madame Bertrand qui revient du Village ; je
te réponds qu'elle ne m'échappera pas. Va
donc vîte.

SCÈNE XI.

COLIN, Madame BERTRAND.

COLIN.

EH! Madame Bertrand, où allez-vous donc?
Venez un petit moment par ici. Morguenne!
il y a e ne sais combien que je suis là, à vous
attendre.

Madame BERTRAND.

Et moi, mon pauvre Colin, je viens de dé-
clarer dans tout le Village, que notre mariage
s'alloit faire.

COLIN.

Sanguoi! que je suis joyeux de vous voir!
jamais morgué! ça ne m'a tant fait de plaisir.

Madame BERTRAND.

Le pauvre enfant! As-tu averti les Ménétriers?

COLIN.

Oui. Mais pargué, faites moi un plaisir,
Madame Bertrand, je vous prie.

Madame BERTRAND.

Qu'est ce que c'est?

COLIN.

Donnez-moi votre belle main à baiser.

· Madame BERTRAND.

AIR : *Entre l'Amour & la Raison.*

T'amuſer à baiſer ma main !
Avant peu n'es-tu par certain
D'obtenir toute ma perſonne ?

COLIN.

Donnez toujours , pour m'obliger.
(*Il lui baiſe la main.*)
L'échantillon me fait juger
Que la piece doit être bonne.

Madame BERTRAND.

AIR : *Mademoiſelle , parez votre Chapelle.*

Que Colin eſt joli
Et poli !
Eſt il un ga'ant plus accompli ?
D. ton amour arfait ,
Tu me ʒonn s , Pou et ,
Preuve nouvelle.

COLIN.

J'ai , pour marquer mon zèle ,
Encor certain bouquet.
Mad'moiſel' , parez vot' chapelie ,
Parez vot' chapelle

Madame BERTRAND.

AIR : *Le Seigneur Turc a raiſon.*

Un bouquet ! mais comment donc !
Rien n'eſt plus honnète.
Ce n'eſt pas ma fète.

COLIN.

Bon !
Cette raifon vous arrête ?
Il n'importe quel jour c'eft ;
De la Beauté qui nous plaît ,
C'eft tous les jours la fête.

Vous voudrez bien que je l'attache moi-
même ?

Madame BERTRAND.

Qui pourroit , mon cher Colin , te refufer
quelque chofe ?

(Colin lui attache le bouquet.)

COLIN.

Oh ! çà , Maîtreffe , je vous ai baifé la main ;
mais ce n'eft pas affez.

AIR : *Vantez-vous-en.*

Tenez , morgué ! je vous demande
Encore une faveur plus grande.

Madame BERTRAND.

Mais il n'en eft pas , mon Poulet.

COLIN.

Oh ! que fi fait.　　　　(*bis.*)
Je n'ofe le dire tout net :
Mais votre minois m'afriande ?

Madame BERTRAND.

Tu veux m'embraffer , mon enfant ?

COLIN.

COLIN *l'embrasse.*

Vantez-vous-en.

Madame BERTRAND.

Eh ! mais, Colin....

COLIN.

Oh ! dame, drès que vous ne m'en refusez pas la permettance, c'eft tout comme fi vous me la bailliez.

Madame BERTRAND.

AIR : *Ton joli, belle Meuniere.*

Tu t'y prends d'une maniere,
   Mon petit Colin,
A foumettre la plus fiere ;
   Tu feras demain
Le Maître de la Meûniere
Et de fon moulin.

COLIN.

Puifque vous êtes de ç'tte himeur-là, je m'en vais, de ce pas, dire à Monfieur Griffaud qu'il nous barbouille un mot de contrat. Touchez-là, Madame Bertrand.

Madame BERTRAND, *lui donnant la main.*

Volontiers.

COLIN.

AIR : *Je vais toujours le même train.*

Je ne fuis qu'un pauvre garçon :
Mais j'ai le cœur & le bras bon,

C

Avec moi, point de temps perdu ;
Je fuis vigilant, je fuis entendu.
Beaucoup font les olibrius,
A caufe qu'il ont du *quibus ;*
Pour moi, j'ai des talens
Qui font plus excellens.
Morgué! la femme qui m'aura,
Jamais de rien ne chommera :
Morgué ! la femme qui m'aura,
Jamais de rien ne chommera.

SCÈNE XII.

Madame BERTRAND, feule.

JE ne faurois mieux faire, que de finir avec
ce garçon-là ; il achalande ma maifon.

AIR : *Ah ! ah ! ah ! venez-y toutes, mes*
belles jeunes filles , &c.

Il n'eft point de Fermiere
Qui n'apporte fon gain
A Colin ;
Et la journée entiere
Il chante ce refrain :
Ah ! ah ! ah ! venez-y toutes,
Les belles jeunes filles , moudre
A notre moulin.

SCÈNE XIII.

LA COMMERE CLIQUET,
Madame BERTRAND.

LA COMMERE.

AIR : *Jupin, de grand matin.*

JE n'en puis plus, ma foi ;
Enfin je vous voi :
Commere, écoutez moi.
    C'est cela
Qui vous surprendra.
J'ai vu de mes yeux,
Tout-à-l'heure, en ces lieux....
Respirons un moment,
    J'ai trop couru ....
J'ai vu très-clairement...
    Qui l'auroit cru ?
Je vous tairois à tort
    Tout ce micmac ;
Le secret me charge fort
    L'estomac.
Commere, pour le coup ,
    J'en fais beaucoup :
Je vais vous compter tout
    De bout en bout
Vous ne me direz plus
Que je fais des caquets superflus.

Madame BERTRAND.

Qu'y a-t-il de nouveau ?

LA COMMERE.

AIR : *Que j'eſtime mon cher voiſin !*

Veuve qui cherche de l'emploi
Dans l'amoureux myſtere,
Ne doit jamais garder chez ſoi
Fille en âge de plaire.

Madame BERTRAND.

Qu'eſt-ce à dire ?

LA COMMERE.

Je vous conſeille de renvoyer au plutôt
Liſon. Comment ! ma Commere, une Servante aller ſur les briſées de ſa Maitreſſe !
Jour de Dieu ! ſi j'étois à votre place, je
lui tordrois le cou.

Madame BERTRAND.

Et à propos de quoi, s'il vous plaît ?

LA COMMERE.

Oh ! pour cette fois-ci, j'ai vu Colin &
Liſon ſe donner des témoignages d'amitié,
qui ne ſont pas équivoques.

Air : *Nanon dormoit.*

En ce lieu-là,
J'ai vu de ma fenêtre,
Où vous voilà,
J'ai vu le petit traître
Prendre à Lifon la main.

Madame BERTRAND.

N'eft-ce que cela ?

C'eft moi, c'eft moi, qui l'ai laiffé prendre à Colin.

LA COMMERE.

C'eft elle, c'eft elle ! elle le prend bien !

Air : *Pin bi beriot, pin lo relobinet.*

Enfuite, le petit coquet
Offre à Lifon la rofe & le muguet.

Madame BERTRAND

C'eft à moi, Commere Cliquet.

LA COMMERE.

Je vous croi.

Madame BERTRAND.

C'eft à moi,
Ma Commere Cliquet.

LA COMMERE.

Air : *Daphnis la vit, Philis le vit.*

Leur tendreffe eft réciproque.

Madame BERTRAND.

Eh! ceffez votre caquet.

LA COMMERE.

Lifette avec Colin troque
Un baifer pour un bouquet.

Madame BERTRAND.

C'eft moi, c'eft moi, ma chere.

LA COMMERE.

Colin le met
Dans fon Corfet.

Madame BERTRAND.

C'eft dans le mien, Commere.

LA COMMERE

Oui, c'eft dans le fien !

Madame BERTRAND.

AIR : *Des billets doux.*

Quand on eft près de s'époufer,
Cela, je crois, peut s'excufer.

LA COMMERE.

Ah! vous me faite rire.
Je fais vos droits fur ce garçon.
Si je n'avois pas vu Lifon,
Je n'aurois rien à dire.

Madame BERTRAND.

Quel entêtement !

LA COMMERE.

Oui, oui ! quel entêtement ! Ce n'eſt pas tout. Je les ai vu ſe toucher dans la main, & ſe donner une foi mutuelle.

Madame BERTRAND.

Hé ! bien, oui. Que trouvez-vous à dire à cela ?

LA COMMERE.

AIR : *Nous autres bons villageois.*

Votre Colin admiroit
De Liſon la taille mignonne.

Madame BERTRAND.

C'eſt la mienne.

LA COMMERE.

Il ſe miroit
Dans les beaux yeux de la Friponne.

Madame BERTRAND.

C'eſt dans les miens.

LA COMMERE.

Liſon, enfin,
Regardoit tendrement Colin ;
D'un air doux, naïf, enfantin.

Madame BERTRAND.

C'eſt moi ; rien n'eſt plus certain.

Vous m'avez prife pour Lifon ; ah, ah, ah !

LA COMMERE.

Bon ! bon ! Riez, ah, ah, ah.

Madame BERTRAND.

La pauvre Madame Cliquet !

LA COMMERE.

La pauvre Madame Bertrand !

AIR : *Je paſſe la nuit & le jour,*
Ou Qu'il me plaiſoit infiniment.

Vous ne la renverrez donc pas ?

Madame BERTRAND.

Pourquoi ? J'en fuis trop bien fervie.

LA COMMERE.

Voifine, c'eſt un autre cas.
Vous en tenez, ma bonne amie ;
Je vous laiſſerai vivre en paix ;
   Et déformais,
   Je les verrois . . .   (*ter.*)
Que jamais je n'en parlerois.

Madame BERTRAND.

Peut - on accufer de la forte mon cher Colin ?

SCÈNE XIV.

Mᵐᵉ. BERTRAND, LE TABELLION, LA COMMERE CLIQUET, LISON, COLIN.

LE TABELLION, *à Colin & à Lison, au fond du Théâtre.*

DEmeurez-là tous deux. Bon jour, Madame Bertrand.

Madame BERTRAND.

Bon jour, Monsieur Griffaut. Colin ne vient-il pas de vous parler ?

LE TABELLION.

Oui. Il vient de me dire de faire son contrat de mariage ; & je l'ai fait.

Madame BERTRAND.

Bon. A l'égard de ce que j'ai promis pour Lison, le voilà.

(*Elle donne une bourse au Tabellion.*)

LE TABELLION.

Donnez. (*Bas, serrant la bourse.*) Il y a long-temps que je l'attends.

Madame BERTRAND.

Vous vous intéreffez à elle : allez, tâchez de m'en débarraffer, & de lui trouver un parti.

LE TABELLION.

J'en ai un tout trouvé à préfent.

Madame BERTRAND.

Plaît-il ?

LE TABELLION.

Ah ! çà, Madame Bertrand, parlons à cœur ouvert. Vous voulez donc abfolument vous marier avec Colin ?

Madame BERTRAND.

Si je le veux ?

LE TABELLION.

Air. *Entre l'Amour & la Raifon.*

Avec défunt Monfieur Bertrand,
Votre bonheur ne fut pas grand :
Auriez-vous encor le courage
De rifquer un nouveau lien ?

LA COMMERE, *à Madame Bertrand.*

Vous, fur-tout, qui favez fi bien
Adoucir l'ennui du veuvage.

Madame BERTRAND.

Allez, ce ne font pas-là vos affaires.

LE TABELLION.

AIR.

Vous n'êtes pas égaux en âge.

Madame BERTRAND.

Vous raisonnez comme un nigaud.

LE TABELLION,

Vous allez faire un mariage ;
Pour vous trop tard , pour lui trop tôt.

Madame BERTRAND.

Je trouve Colin sans défaut
Pour mon ménage.
Je sais fort bien , Monsieur Grifiaud ,
Ce qu'il me faut.

Il y a une maxime qui est certaine.

LE TABELLION.

Quelle est - elle?

LA COMMERE.

Écoutons.

Madame BERTRAND.

AIR.

De deux cœurs que l'Amour engage ,
L'hymen doit être le partage :
Et c'est un attentat affreux ,
C'est un forfait , c'est un outrage,
Que d'oser s'opposer aux feux
De deux cœurs que l'Amour engage.

LE TABELLION.

Comment ! un forfait !

Madame BERTRAND.

Oui.

LA COMMERE.

Un attentat !

Madame BERTRAND.

Sans doute.

LE TABELLION.

Et si ces deux cœurs engagés par l'Amour,
étoient ceux de Colin & de Lison ?

LA COMMERE, *faisant la révérence.*

Comme c'est la vérité, ma Commere.

Madame BERTRAND.

Quoi ! l'on me parlera toujours de Lison !
Allez, vous radotez tous deux.

LE TABELLION.

Eh ! mais .... Voici Colin, vous pouvez
l'interroger.

COLIN.

Bon jour, Maitresse.   (*Il rit.*)

Madame BERTRAND.

Approche, mon cher Colin, approche ;
vois l'entêtement de Monsieur Griffaud &

de la Commere Cliquet : ils veulent me fou-
tenir que ce n'est pas moi que tu aimes.

COLIN.

Pargué ! Madame Bertrand , cela feroit
bien mal-honnête à moi , si je n'avois pas de
l'amitié pour vous ; vous ne m'avez jamais
fait de mal.

Madame BERTRAND, *au Tabellion & à*
la Commere.

Vous l'entendez.

COLIN.

Vous ne m'avez jamais fait que du bien.

Madame BERTRAND.

Qu'avez-vous à dire à cela ?

COLIN.

Oui, morgué ! j'ai une certaine amitié pour
vous ; mais , quant à l'égard de ç'tt'amitié qui
fait faire les contrats....oh! dame.... quant
à l'égard de ç'tt'elle-là , c'est pour Lifon que
j'en ai.

Madame BERTRAND.

Comment?

LE TABELLION.

Oui ; & le contrat que j'ai fait , est celui de Colin & de Lifon.

LA COMMERE.

Une autre fois vous me croirez peut-être,
ma Commere.

Madame BERTRAND.

Qu'eft-ce que cela veut dire ? Quoi ! il
feroit dit qu'une petite impertinente comme
Lifon, l'auroit emporté fur moi ! Non , ma
foi, cela ne fera pas. Vous avez fait de mau-
vaife befogne, Monfieur le Tabellion, & je
vous ferai voir que ce contrat-là ne vaut
rien.

LE TABELLION.

Tarare !

COLIN.

Oh ! dame , je ferois pourtant fâché , fi
vous alliez être pendu pour cela , Monfieur
Griffaud.

LE TABELLION.

Pendu ! pourquoi donc , s'il vous plaît ?

LISON *s'avance.*

Pardonnez-moi , Madame.

Madame BERTRAND.

Quoi ! vous paroiffez ! quel pardon me de-
mandez-vous ? & que pouvez-vous me dire ?

LISON.

A I R : *De tous les Capucins du monde.*

De deux cœurs que l'Amour engage ,
L'hymen doit être le partage ;

Et c'eft un attentat affreux,
C'eft un forfait, c'eft un outrage,
Que d'ofer s'oppofer aux feux
De deux cœurs que l'Amour engage.

LE TABELLION.

Vous-même avez débité la maxime.

LA COMMERE, *à Madame Bertrand.*

Elle eft juftifiée par vos propres raifons.

Madame BERTRAND.

Ah ! je fuis au défefpoir.

COLIN.

Il faut pourtant bien, Madame Bertrand, que vous nous pardonniez ç'tte petite bagatelle-là.

LE TABELLION, *à Madame Bertrand.*

S'il ne s'agit que de vous époufer, pour vous empêcher de vous livrer au défefpoir, vengez-vous fur moi ; je fuis votre homme.

LA COMMERE.

Ma foi, prenez-le au mot, ma Commere ; autant ce magot-là qu'un autre.

LE TABELLION.

Pardonnez tout ; cédez à Colin votre moulin, dont vous n'avez que faire, étant ma femme ; & ne fongeons plus qu'à nous réjouir.

Madame BERTRAND.

Soit. [*A Colin.*] Tiens, voilà ton bouquet ;
& je vais tordre le coup à ton fanfonnet....
(*Elle fe retire , le Tabellion & la Commere*
la fuivent.)

COLIN.

Je m'en moque.

LA SERVANTE JUSTIFIÉE.

COLIN.   DUO.

LISON.

D

lin, Tour-ner, tour - ner, tour - ner sans
fin, Ti-que, ti-que, tac, a - mour sans

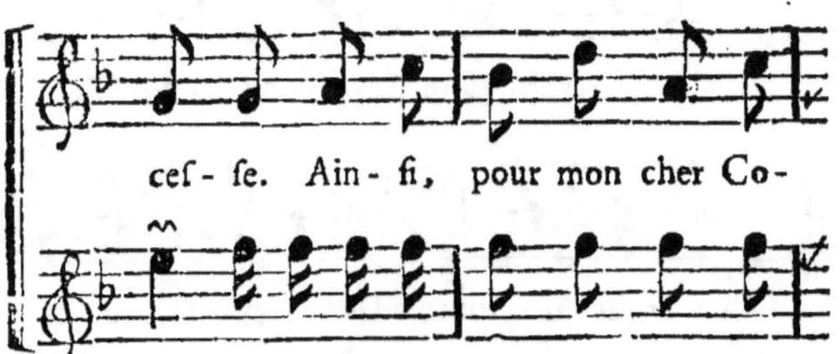
ceſ - ſe. Ain - ſi, pour mon cher Co-
fin, Ti-que, ti-que, tac, a - mour sans

lin, Doit du - rer ma ten - dreſ-
fin, Ti-que, ti-que, tac, a - mour sans

ſe.
fin. Tes ap - pas ſont comme le
grain, Dont l'a - bon - dan - ce foi-
ſon-ne; Le Mou - lin i - ra bon
train; La ré - col-te eſt bon - ne.
Ti - que, ti - que, tac, a - mour ſans
Comme on voit no - tre Mou-

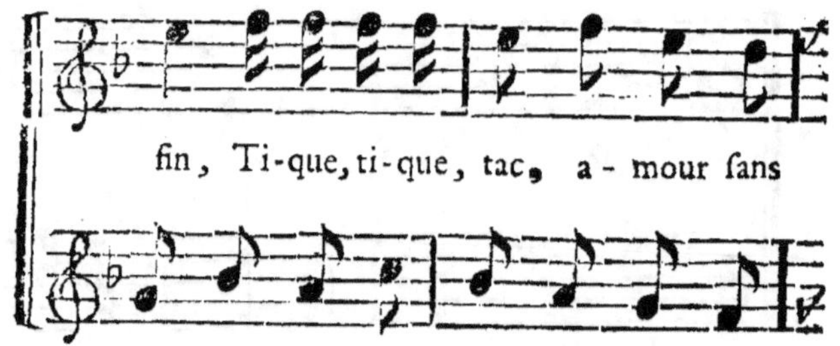
fin, Ti-que, ti-que, tac, a-mour fans
lin tour-ner, tour-ner, tour-ner fans

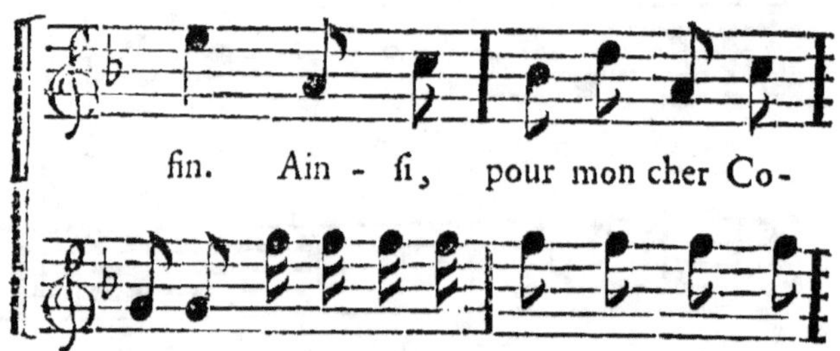
fin. Ain-fi, pour mon cher Co-
ceffe, Ti-que, ti-que, tac, a-mour fans

lin, Doit du-rer ma ten-dref-fe.
fin, Ti-que, ti-que, tac, a-mour fans fin.

De Cy-the-re, l'En-fant ma-lin,
de Cy-the-re, l'En-fant ma-lin,

Et qui ja-mais ne fom-meil-le,
Et qui ja-mais ne fom-meil-le,

Se-ra no-tre Gar-de-Mou-lin
Se-ra no-tre Gar-de-Mou-lin

D iij

Que pour nous il veil - le. Comme, &c.
Que pour nous il veil - le. Comme, &c.
COLIN.
Si le vent De - vient lent, Et s'en -
dort dans nos aî - les, Qu'un sou - pir
Fasse a - gir Ses for - ces nou - vel - les. Tique,
LISON.
&c.
Le vent peut chan - ger, Moi je suis tou -
jours la mê - me; Son - ge à mé - na -

ger Un cœur qui t'ai - me. Tique, &c.
LISON. COLIN.
Co-lin m'aime donc? Oui, ma pe - ti - te
femme, Colin m'aime donc?Oui, ma che-re Li-
LISON.
son, Ai-me auffi Co - lin. Oui, de tou - te mon
a - me. On ver - ra Li - son, Co-lin, Li-
On ver - ra Co - lin Ai-

fon S'ai - mer fans fin. Tique, &c.
mer fans fin. Comme, &c.
LISON.
Ti - que, ti - que, tac, tac;
Ti - que, ti - que, tac, tac; Tique, tac,
Tique, ti - que, tac, tac

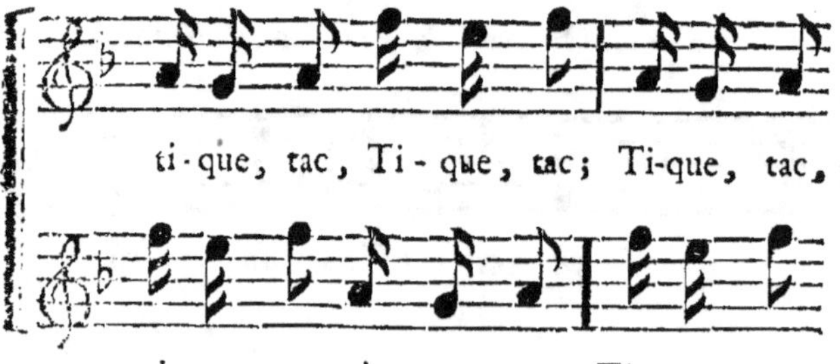
ti - que, tac, Ti - que, tac; Ti - que, tac,
ti - que, tac, ti - que, tac, Ti - que, tac,

tac, tac, tac;
Tique, tique, taque, tique, taque, tique,

tac; Tique, tique, taque, tique,
tac, tac, tac,

Taque, tique, tac, ti - que, tique,
Tac, tac, tic, tac,

Ta-que, ti-que, tac, tac, tac, tic,
Tic, tac, tic, tac, tac, tic,
Tac, tic, tac, ti-que, ti-que, ti-que, tique,
Tac, tic, tac, tac, tac,
Ta-que, ti-que, tac, tac,
tac, tac, tique, ti-que.

tac, cac, tac;
taque, tique, taque, tique; Tac, tique,

Tique, tac, tique, tac,
tac; Tique, tac, tique, tac,

tic, tac; Taque, tique, tique, tique,
tic, Taque, tique, taque, tique,

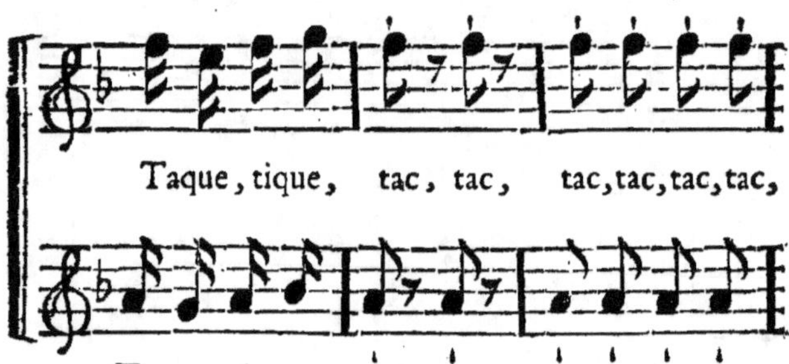
Taque, tique, tac, tac, tac, tac, tac, tac,
Taque, tique, tac, tac, tac, tac, tac, tac,

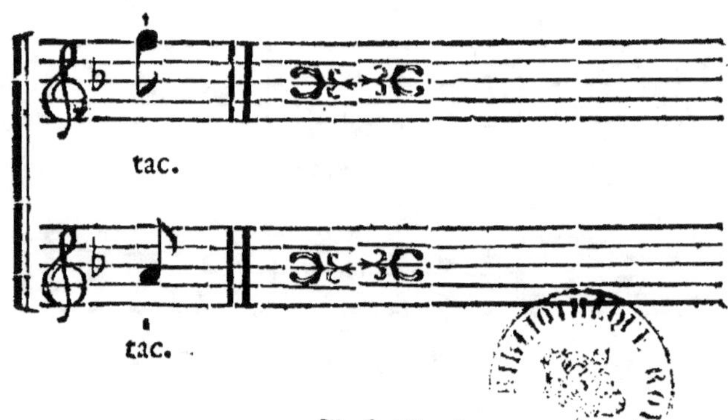
tac.
tac.

F I N.